# 질문하는 우주 사전

질문❓하는 사전 시리즈 ⑥

신광복 글

# 질문하는 우주 사전

이형진 그림

# '우주' 지식 뒤에 숨어 있는 '인간'

우주는 넓디넓고 인간은 우주 전체에 비하면 정말로 작디작습니다. 하지만 결코 보잘것없는 존재는 아니에요. 오히려 작지만 위대한 존재라고 할 수 있습니다. 우주에 비하면 그렇게나 작은데도, 지구를 크게 벗어나지 않고도 그 광대한 우주의 비밀을 하나둘씩 밝혀내어 왔으니까요. 관찰 도구가 맨눈밖에 없던 옛날부터 말이지요.

지금까지 인류가 알아낸 우주의 이모저모는 정말 신기하고 아름답습니다. 그리고 그것들을 알아낸 인류의 노력도 우주 못지않게 신기하고 아름답다고 말할 수 있습니다. 많은 사람들의 놀라운 창의력과 집요함과 꼼꼼함과 끈기가 없었다면, 또 그들을 받쳐 줄 과학 기술에 종사하는 사람들의 끈질긴 노력이 없었다면, 우리는 지금보다 훨씬 적은 것만을 알고 있을 거예요. 또 과학 기술의 혜택도 훨씬 덜 누리고 있겠지요. 우주 연구는 과학 기술을 더욱 빨리 발전하게 했고 또 그 우주 과학 기술은 우리 생활에 계속 스며들어 인간을 돕고 있으니까요.

그래도 우주는 여전히 관측의 대상이고 우주 전체의 질서는 인간이 손댈 수 있는 영역이 아니지만, 이제는 우주를 알고 우주로 나가려면 인간이 만든 질서, 즉 경제와 정치, 윤리에 대한 고민을 꼭 해야만 합니다. 왜냐하면 요즘의 우주 과학 연구에는 아주 큰 돈이 들고, 그 정도의 돈은 대기업과 정부가 아니면 마련할 수가 없으니까요.

이처럼 세상의 모든 지식은 인간 및 사회의 노력과 떼려야 뗄 수 없는 관계에 있습니다. 그런 만큼, 이 책을 읽는 여러분은 우주 지식 하나를 알게 될 때마다 그 뒤에 숨은 '인간'에 대해서도 읽어 내길 바랍니다. 인간이 우주를 어떤 눈으로 보았기에 그 지식을 알게 되었는지, 그것을 알기까지 어떤 경쟁이 있었는지, 누가 어떤 희생을 했고 그와 관련하여 우리는 어떤 윤리적 입장을 지녀야 할 것인지까지 속속들이 궁금해하길 바랍니다. 그렇게 질문할 수 있는 모든 것을 질문하면서 우주 지식을 익혀 간다면, 우주는 물론이고 여러분을 둘러싸고 있는 이 세상까지 완전히 새롭게 보이게 될 것입니다.

신광복

# 차례

## 지구와 달, 태양계 …… 8

우주에 관해 제대로 알고 싶어? …… 10
지구는 평범하지만 특별하다고? …… 14
지구만큼 달도 특별하다고? …… 18
태양계 가족을 다 만나 볼까? …… 22
태양계 가족은 돌고 또 돈다고? …… 26
태양계의 끝은 어디야? …… 30

## 별과 은하, 우주 공간 …… 34

별들도 색깔과 크기가 다 다르다고? …… 36
별도 태어나고 죽는다고? …… 40
우주엔 별이 얼마나 많이 있어? …… 44
별들이 많은데 왜 밤하늘은 어두울까? …… 48
우주는 얼마나 클까? …… 52

## 우주를 이해하려는 인간의 노력 …… 56

아주 옛날 사람들도 천문학을 했다고? …… 58
옛날 사람들이 생각했던 우주는 어땠을까? …… 62
망원경이 생긴 후엔 무엇을 더 알게 되었을까? …… 66
20세기부터는 우주 지식이 휙휙 변한다고? …… 70

## 우주로 나가려는 인간의 도전 …… 74

물체가 지구를 벗어나는 건 왜 힘들어? …… 76
사람이 달로 가는 건 얼마나 더 힘들어? …… 80
우주인이 되려면 어떻게 해야 할까? …… 84
우리나라는 어떤 노력을 해 왔어? …… 88
지구 주변이 쓰레기장이라고? …… 92
우주 시대! 우리가 조심해야 할 것은? …… 96

# 지구와 달, 태양계

## 우주 이야기는 우리와 동떨어진 것이라고?

'우주'라고 하면 실감도 잘 안 나고
우주 이야기는 뜬구름 잡는 소리라고 생각하는 사람들이 많아.
우주는 우리가 사는 곳에서 너무 멀리 떨어져 있다고 말이야.
하지만 그렇지 않아.

### 우리가 사는 지구도 우주 공간에 있는걸.

우주 공간에는 많은 것들이 있어.
우주 공간에 떠 있는 것들은 다 '천체'라고 불러.
눈부신 빛을 내든 내지 않든, 무겁든 가볍든, 크든 작든,
뜨겁든 차갑든 관계없이.

## 지구도 우주에 있는 하나의 천체야.

그러니 천체와 우주에 관한 이야기에 지구 이야기도
충분히 포함될 수 있지.

### 오히려 우주에 관해 말할 때는 지구 이야기에서부터 출발하는 경우가 많아.

우리가 살고 있는 가장 익숙한 천체니까.

## 우주의 모든 천체는 다 돌고 있어.

자기 몸을 스스로 팽글팽글 돌리는 운동은 '자전',
더 큰 천체 주위를 빙빙 도는 운동은 '공전'이라고 하지.

그리고 어떤 일이 규칙적으로 반복될 때,
그 일이 한 번 일어나는 데 걸리는 시간을
'주기'라고 하기 때문에
한 번 자전하는 데 걸리는 시간을 자전 주기,
한 번 공전하는 데 걸리는 시간을 공전 주기라고 해.

## 천체가 공전하며 지나가는 길을 '궤도'라고 해.

지구도 지구의 궤도에서 태양을 중심으로 공전하고 있어.
천체들은 저마다 자기들의 궤도를 착실히 돌고 있지.
아주 작은 돌멩이나 먼지, 가스들까지 모두 다.

### 태양계 행성들의 공전 궤도는 거의 원에 가까운 타원이야.

하지만 혜성 중에는 아주 길쭉한 타원 궤도나
한 번 왔다 가면 다시는 돌아오지 않는
이상한 궤도로 움직이는 것도 있어.
소행성 중에서도 길쭉한 타원 궤도를 도는 것들도 있고.

# 우주에 관해 제대로 알고 싶어?

우주를 설명하는 말들이 어렵긴 해.
하지만 몇 가지만 잘 알아 둔다면
너도 우주에 관해 깊은 생각들을 할 수 있어.

앞에서도 말했지만
우주에 있는 모든 물체를 '천체'라고 해.
블랙홀도 우주 먼지도 가스도 다 천체지.

그런데 생물이 여러 종류로 나뉘는 것처럼
천체에도 여러 종류가 있어.

우리 태양은 스스로 기체를 태우면서
빛과 열을 내뿜어. 이런 천체가 바로 '별'이야.
'항성'이라고 부르기도 하지.

항성들은 스스로 빛나니까 멀리서도
볼 수 있어. 밤하늘에 보이는 밝은 점들 중
아주 많은 것들이 항성이야.

항성 주위를 공전하면서
항성의 빛과 열을 받기만 하는 천체는
'행성'이라고 불러. 맞아. 지구는 행성이야.
태양은 지구의 '모항성'이고.

태양 주위를 도는 행성은 모두 여덟 개야.
태양에 가까운 순서대로 이름을 불러 볼까?
수성, 금성, 지구, 화성, 목성, 토성,
천왕성, 해왕성.

수성, 금성, 지구, 화성은
암석으로 되어 있고,
목성, 토성, 천왕성, 해왕성은
기체로 되어 있어.

행성 주위를 도는 천체는 '위성'이라고 해.
지구 주위를 도는 달은 지구의 위성이야.
지구는 달의 모항성이고.

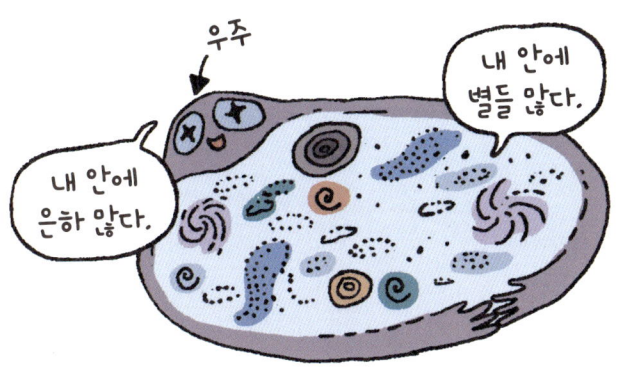

우주엔 별들이 정말 정말 많아.
별이 수백~수천억 개 모이면 '은하'가 돼.
우주엔 1,700억 개가 넘는 은하가 있어.

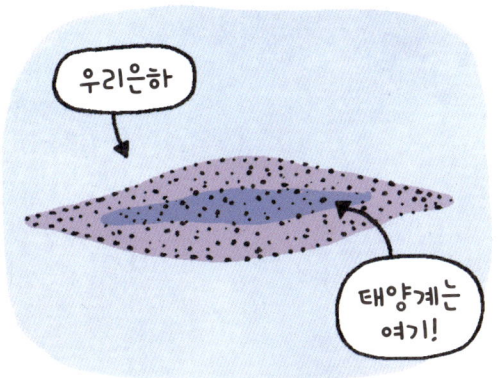

우리 태양계가 들어 있는 은하를
'우리은하'라고 해. 태양계는 우리은하 중심과
가장자리의 중간 정도 위치에 있어.

은하보다 별들이 적게 모여 있으면
'성단'이라고 해. '성운'은
가스와 먼지가 모여서 만들어져.
커다란 망원경으로 본 성운은 정말 화려해.

이 정도만 알아도 우주 이야기에
충분히 뛰어들 수 있어.
이제 가장 익숙한 천체부터 알아 가 볼까?

# 지구는 평범하지만 특별하다고?

우주엔 별이 아주 많은 만큼
별 주위를 도는 행성도 엄청나게 많아.
지구도 그중 하나일 뿐이지.
그런데 과학자들은 지구가 아주 특별하대.

지구가 특별한 건
많은 생물이 살고 있고
또 우리가 살고 있기 때문이야.

생물이 생기고 오랫동안 유지되려면
아주 까다로운 조건들이
모두 다 딱 맞아떨어져야 해.

생명이 시작되려면
바다처럼 물이 고인 곳이 있어야 해.
기체로 된 별이나 행성에서는
물이 고일 수 없어.

물을 담으려면 물 밑에 땅이 있어야 해.
그러니 딱딱한 암석으로 된
행성이어야 하지. 지구처럼 말이야.

하지만 암석 행성이라도
너무 작으면 안 돼.
화산 활동이 너무 일찍 멈추거든.

생물이 생기고 살아가려면
땅속 여러 가지 물질들이
화산 활동을 통해 밖으로 나와 줘야 해.

그리고 작은 행성은 중력이 너무 약해.
그래서 기체를 잘 잡아 두지 못해서
대기층이 없거나 너무 얇아.

대기층은 행성의 이불 같은 거야.
대기층이 너무 얇으면
우주의 해로운 물질을 막아 주지 못해.
외부 천체가 충돌하면 피해도 아주 커.

모항성에서 너무 멀면 너무 추워서 안 돼.
너무 가까우면 너무 뜨거워서 안 되고.
딱 적당한 온도와 빛이 있어야만
생물이 생길 수 있어.

행성에 빛과 열을 주는 모항성이
너무 빨리 차가워져도 안 돼.
우리 태양처럼 적어도 수십억 년은
안정적으로 타오를 수 있어야 하지.

이런 조건들을 모두 다 갖춘 행성들이
우주 여기저기에 꽤 있을 수도 있어.
하지만 우주 전체 행성의 수를 생각하면
아주아주 적은 일부일 뿐이야.

그런데 혹시 우리가 지구 생물 같은 것만
생물이라고 하는 건 아닐까?
지구와 아주 다른 환경의 행성엔
상상도 못 했던 생물이 있진 않을까?

# 지구만큼 달도 특별하다고?

밤하늘의 달은 매일매일 모습이 달라져.
달 토끼도 없고 계수나무도 없지만
달은 꽤 특별한 위성이야.

달은 지구의 유일한 위성이야.
사실 암석 행성엔 위성이 적어.
수성과 금성엔 위성이 아예 없고
화성에는 아주 작은 위성 두 개가 있어.

반면 기체 행성에는 위성이 많아.
토성은 위성이 무려 여든두 개나 되고
목성도 일흔아홉 개나 되지.

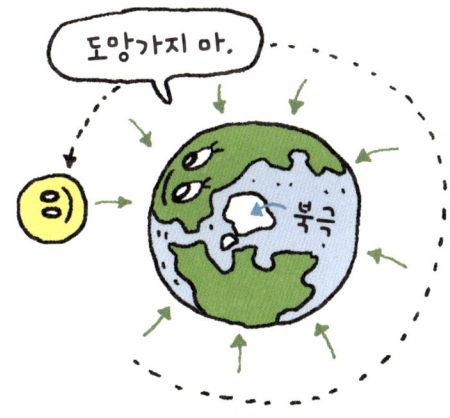

달의 지름은 지구 지름의 4분의 1이나 돼.
태양계에 있는 위성들 중에서
모행성 크기와 비교했을 때
이 정도로 큰 위성은 달밖에 없어.

달이 지구 둘레를 공전하는 것은
지구의 중력 때문이야.
지구의 중력이 달을 끌어당기기 때문이지.

지구만 달을 끌어당기는 것이 아니야.
달도 중력을 가지고 있고,
그 중력으로 약하게나마 지구를 끌어당겨.
특히 바닷물은 계속 달 쪽으로 끌려가.

지구가 제자리에서 계속 돌아서 생기는
원심력과 달의 중력이 합쳐지면
바닷물이 모이는 곳과 빠져나가는 곳이 생겨서
밀물과 썰물이 생기는 거야.

달은 스스로 빛을 내지 못해서
태양 빛을 받는 면만 우리 눈에 보여.
지구와 태양과 달이 이루는 각도에 따라
여러 가지 다른 모양으로 보이지.

오른쪽이 보이는 반달은 상현달,
왼쪽이 보이면 하현달이야.
오른쪽이 보이는 손톱달은 초승달,
왼쪽이 보이면 그믐달이고.

달이 보이지 않는 날도 있어.
그믐달에서 초승달로 넘어가는
하루 동안은 달이 전혀 안 보여.
이때를 '삭'이라고 불러. 음력의 1일이지.

삭에서 초승달을 거쳐
상현달과 보름달을 지나 하현달이 되고
그믐달이 점점 작아지다가 삭이 되면
음력 한 달이 지나가고 새 달이 시작되는 거야.

달이 지구 주위를 돌다가
태양과 지구 사이 정중앙에
정확하게 들어오면 달이 태양을 가리게 돼.
이것이 일식이야.

지구에서 보면 신기하게도
보름달과 태양의 크기가 거의 똑같아.
그래서 달이 태양을 완전히 가리는
멋진 개기일식이 생겨.

# 태양계 가족을 다 만나 볼까?

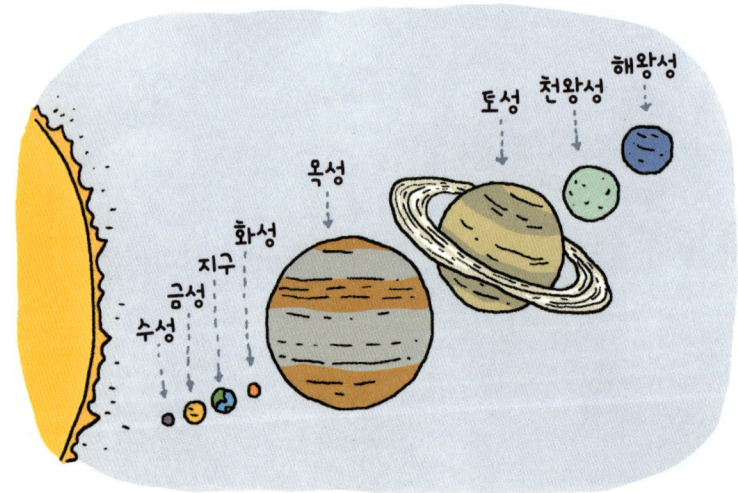

태양계의 중심에는 태양이 있어.
그리고 태양 주위를 도는 천체들도
다 태양계의 식구야.
커다란 목성에서 작은 먼지까지 모두 다.

태양은 태양계 모든 천체에 빛과 열을 주는 유일한 항성이야. 그리고 태양계 전체 무게의 99퍼센트 이상을 차지하지.

수성은 태양계에서 가장 작아. 그리고 공기층이 거의 없어서 햇빛을 받으면 400도를 넘고 햇빛을 못 받으면 영하 180도보다도 추워.

반대로 금성은 공기층이 너무 두껍고 태양과도 가까워서 항상 500도가 넘어. 화성은 태양계 행성 중에선 온도와 압력이 지구와 가장 비슷해.

기체 행성들은 암석 행성보다 훨씬 커. 암석 행성 중에선 지구가 가장 크지만 기체 행성인 목성의 부피는 지구의 1,400배나 되지.

목성은 커다란 만큼 중력도 커서
많은 소행성이나 운석이 목성에 충돌해.
목성이 없다면 지구와도 많이 충돌해서
지구에 생물이 살 수 없을 거야.

토성에는 크고 멋진 고리가 있어.
고리의 대부분은 얼음이고 암석도 좀 있어.
목성, 천왕성, 해왕성도 고리가 있지만
토성의 고리만큼 크진 않아.

기체 행성의 위성들 중에는
물이 있다고 밝혀진 것들도 있어.
혹시 그런 곳에는 생물도 있진 않을까?

태양계에는 소행성들이 엄청나게 많아.
소행성은 암석이나 금속으로 되어 있어.
화성과 목성 사이,
그리고 해왕성 바깥에 많이 모여 있지.

소행성의 크기는 아주 다양해.
애드벌룬보다도 작은 것부터
달보다 약간만 더 작은 것까지.
그중 꽤 큰 것은 왜소 행성이라고 불러.

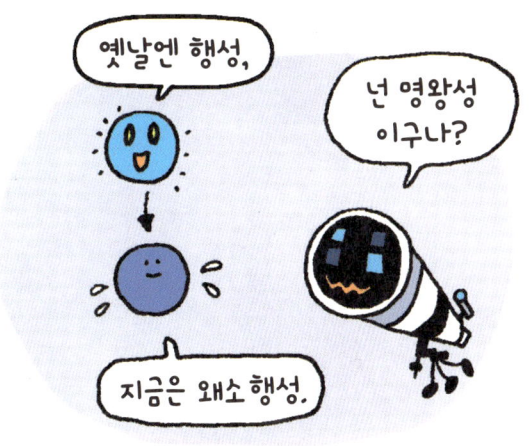

한때 행성으로 취급되었던 명왕성도
지금은 왜소 행성으로 분류됐어.

길쭉한 타원 궤도로 태양 주위를 도는 혜성은
태양 근처에 올 때만 관측할 수 있어.
혜성은 꼬리를 보여 주기도 해.

혜성이 지나간 길엔 부스러기들이 남아.
그 부스러기들이 지나가던 지구와 만나면
지구 대기층으로 들어와 불타며 떨어져.
그럼 우린 별똥별 비를 보게 되는 거야.

# 태양계 가족은 돌고 또 돈다고?

태양계 가족이 피겨 스케이트를 탄다면
다들 우승 후보일 거야.
제자리에서 팽글팽글 자전도 잘하고
넓은 곳을 빙빙 돌며 공전도 잘하니까.

몇몇 인공위성을 제외한 거의 모든 천체는
자전과 공전을 같이 해.
심지어 태양도 자전과 공전을 하는걸!

태양의 자전 주기는 약 27일인데,
위아래로 갈수록 더 늦게 돌아.
남극이나 북극에서는
자전 주기가 33일이 조금 넘어.

태양계를 담고 있는 우리은하도 자전을 계속해.
그러면 태양도 우리은하 중심을
공전하는 셈이지.

지구는 태양 주위를 공전해.
물론 공전하는 동안 자전도 하지.
지구의 공전 주기는 1년, 자전 주기는 하루야.

하지만 지구에 올라탄 우리는
지구가 공전하는 것도 자전하는 것도
못 느껴. 지구와 함께, 똑같은 속도로
운동하고 있으니까.

하지만 간접적으론 알 수 있어.
지구가 자전하면 우리 눈엔
태양이 떠서 지는 것처럼 보여.

지구는 삐딱하게 서서 공전해.
그래서 시간이 지나면 햇빛을 받는
각도가 달라져. 똑바로 받을수록 더워지고
비스듬하게 받을수록 추워져.
계절은 지구가 공전한다는 증거야.

달은 지구 둘레를 공전하며 자전도 함께 해.
하지만 달은 한 번 공전하는 동안
자전도 꼭 한 번만 해.
자전 주기와 공전 주기가 똑같은 거지.

그래서 지구에서 보면 늘 한쪽 면만 보여.
달이 자전을 안 하고 공전만 한다면
지구에서 달의 뒷면도 볼 수 있을 거야.

소행성들도 자전과 공전을 해.
가끔 찾아오는 혜성도 모두 자전을 하고
대부분 공전도 해.

인공위성은 어떨까?
우주 망원경을 비롯한 지구의
인공위성들은 지구 둘레를 공전해.
달 주위를 공전하는 인공위성도 꽤 있고.

우주 망원경은 오랫동안
한곳을 봐야 해서 자전하면 안 돼.
하지만 그 외의 인공위성은 자전도 하지.

# 태양계의 끝은 어디야?

1977년 발사된 보이저 1호는
총알 속도의 열일곱 배로 날아서,
지금은 121AU도 넘는 먼 곳에 가 있대.
그럼 보이저 1호는 태양계를 벗어난 걸까?

태양계의 크기에 대해 말하려면
길이에 대한 새로운 단위를 알아야 해.
킬로미터는 우주를 말하기엔 너무 작거든.

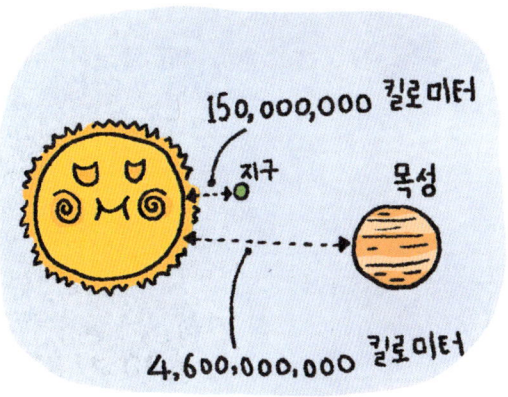

태양에서 지구까지는
무려 150,000,000킬로미터나 돼.
태양에서 목성까진 4,600,000,000킬로미터야.
어때, 쓰기도 읽기도 상상하기도 힘들지?

그래서 천문학자들은
태양과 지구 사이의 거리를 기준으로 하는
새 단위를 만들었어.
이 거리를 1천문단위(1AU)라고 해.

그러면 태양에서 목성까지는 5.2AU,
태양계 마지막 행성인 해왕성까지는
30AU라고 쓸 수 있어.
훨씬 쉽지?

그럼 해왕성까지가 태양계의 끝일까?
아니. 해왕성 바깥 소행성들도 포함해야지.
가장 먼 소행성까지의 거리는 50AU야.

해왕성 바깥 소행성들은
커다란 고리 모양을 이루며 모여 있는데,
이 소행성들이 이루는 고리를
'카이퍼 벨트'라고 해.

하지만 태양이 뿜어내는
전기 입자들이 닿는 곳까지가
태양계의 경계라고 보는 과학자들도 있어.
거기까지는 약 121AU나 돼.

거기도 끝이 아니라고 하는 과학자도 있어.
태양의 중력을 받는 물질들이 있는 곳까지를
태양계라고 봐야 한다는 거야.

그곳엔 작은 암석과 얼음 조각들이 가득해.
그리고 카이퍼 벨트를 아주 멀리서
커다란 공처럼 둘러싸고 있어.
그 공의 반지름은 무려 5만AU나 돼!

그 공을 '오르트 구름'이라고 부르는데,
많은 혜성들이 여기서 출발해서
태양 가까이로 온다고 과학자들은 생각해.
오르트 구름은 혜성들의 고향인 셈이지.

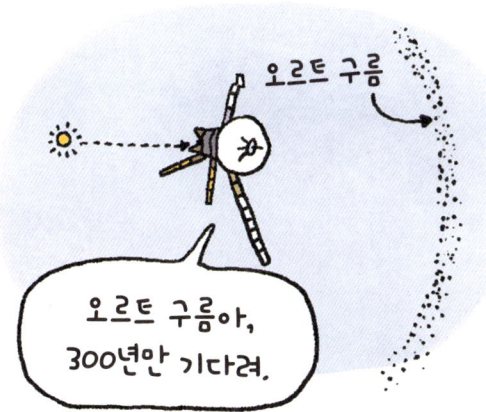

보이저 1호가 오르트 구름까지도 벗어나려면
앞으로 300년쯤은 더 날아가야 해.

그런가 하면, 물질이 없어도
태양의 중력이 미치는 곳까지는
태양계라고 보아야 한다는 사람들도 있어.

# 별과 은하, 우주 공간

## 밤하늘은
## 지루하고 심심한 공간이라고?

집에서 창문을 열고 밤하늘을 바라보면
밝은 별 몇 개와 희미한 흰 점들만 좀 보일 거야. 별로 멋이 없지.
하지만 아주 맑고 깜깜한 밤, 주변 불빛이 없는 곳에서
평상 같은 곳에 누워 하늘을 보면
엄청나게 많은 별이 쏟아질 듯 반짝여서 가슴이 벅찰 거야.
여름이라면 찬란한 은하수도 볼 수 있어.
그리고 운이 좋으면 밝은 선을 그으며 떨어지는 유성도 볼 수 있고.

### 밤하늘은 별의별 일이 다 벌어지는 역동적인 곳이야.

별들은 너무도 멀리 있기 때문에 열심히 빛을 내뿜지 않으면
우리에게 전혀 보이지 않아.

### 우리가 맨눈으로 볼 수 있는 별들은
### 모두 수소나 헬륨을 부지런히 태우면서
### 열과 빛을 내고 있어.

그리고 열을 얼마나 내는가에 따라 다른 색을 띠지.
맑고 깜깜한 밤 평상에 누워 별들을 좀 더 유심히 보면
흰색 말고도 파란색, 빨간색, 주황색, 노란색, 청백색의 별들이 보일 거야.

# 밤하늘에는
# 다양한 나이, 다양한 크기의
# 별들이 있어.

생긴 지 얼마 안 되는 별들도 있고,
쌩쌩하게 수소를 태우며 빛을 내는 젊은 별들도 있고,
수명이 거의 다 되어서 크기와 색이 변해 가는 별들도 있지.

## 심지어는 죽어 가는 별들도 있고,
## 별이 죽어 가며 남긴
## 흔적들도 있어.

푸르거나 붉으면서 아주 밝은 별들은 우리 눈을 즐겁게 해.
하지만 그 별들은 죽으면서도
멋진 천체를 만들기도 하고
## 무시무시한 천체들을 만들기도 해.

별이 죽어 만들어진 천체들 중 중성자별은
물질들이 너무너무 빽빽하게 모여 있어서
각설탕 하나 정도 부피의 질량이 1억 톤 정도나 돼.
그보다 더 무겁고 빽빽한 블랙홀은
같은 부피의 질량이 200억 톤도 넘어.
그러니 블랙홀의 중력은 어마어마해서,
사람이 볼 수 있는 주변의 모든 것을 빨아들여.
빛조차 빠져나가지 못하게 하지.

**중성자별에서는 강한 에너지가 나와.
블랙홀로 빨려 들어가는 물질들도 강한 에너지를 내뿜어.**

# 별들도 색깔과 크기가 다 다르다고?

밤하늘에 떠 있는 별을 언뜻 보면
모두 하얗게 반짝이는 것처럼 보여.
그럼 별은 모두 하얀색일까?
아니. 자세히 보면 별마다 색이 달라.

별의 색은 거의 온도에 의해 결정돼.
섭씨 3,000도 정도의 별은 붉게,
3,000~5,000도의 별은 주황색으로 보여.

5,000~5,700도의 별은 노랗게 보이고,
5,700~1만 도 정도까지는 하얗게 보여.
그보다 높아지면 별은 점점 푸르게 보이지.

하지만 이건 어디까지나
공기로 둘러싸인 지구에서 볼 때의 얘기야.
우주 공간에서는 다들 좀 더 창백해 보이거든.

우리 태양은 표면 온도가 5,700도니까
지구에서 보면 노란 별이지만
공기가 없는 우주에서 보면 하얗게 보여.

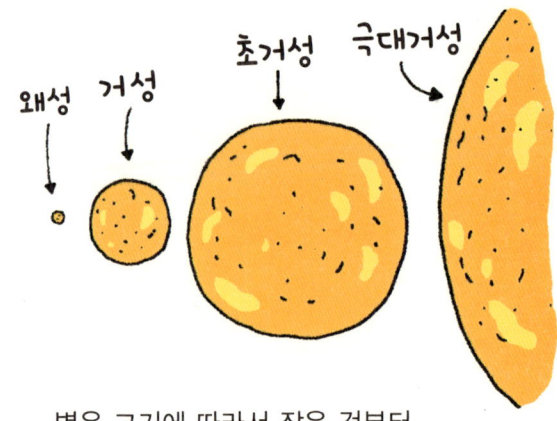

별의 색이 온도에 의해 결정된다면, 별의 밝기를 결정하는 요소는 두 가지야. 얼마나 큰가, 그리고 우리에게 얼마나 가까이 있는가.

별은 크기에 따라서 작은 것부터 왜성, 거성, 초거성, 극대거성으로 나뉘어.

'거성', '초거성', '극대거성'이라는 말이 붙는 별들은 아주 크기 때문에 멀리 있어도 비교적 밝게 보여.

오리온자리의 베텔기우스는 적색 거성, 리겔과 벨라트릭스는 청백색 초거성이야. 이 별들은 매우 밝고 색깔도 잘 보이니까, 겨울에 오리온자리가 뜨면 꼭 한번 찾아봐.

반대로 '왜성'이라는 말이 붙는 작은 별들은
지구에 아주 가까이 있어야만
맨눈으로 볼 수 있어.

우주에 가장 많은 별은 적색 왜성이지만,
너무 어둡고 작아서 맨눈에는 안 보여.
보였다면 밤하늘은 붉은 점들로 가득하겠지.

태양은 지구에 너무너무 가까워서
엄청나게 밝고 크게 보이지만
사실 적색 왜성보다 좀 더 큰 황색 왜성이야.

맨눈으로 볼 때 가장 밝은 별 시리우스A는
태양보다 조금 더 큰 정도지만,
지구와 꽤 가까워서 아주 밝게 보여.

# 별도 태어나고 죽는다고?

별은 언제까지나 그대로일 것 같지만
사실 별들도 태어나고 죽어.
물론 우리 태양도 언젠가는 죽지.

우주 먼지구름과 가스가 아주 많이 모이면
중심의 중력이 강해져서
주변 물질이 점점 더 많이 모여들어.

그러다가 물질 뭉치가 충분히 무거워지면
중심 부분의 물질들이 부딪치며
열을 내기 시작해.

중심의 온도가 1만 도 정도 되면
수소들이 합쳐지며 새로운 물질을 만들면서
빛과 열을 내기 시작해. 진짜로 별이 되는 거지.

그러면서 안정된 단계에 접어든 별들을
'주계열성'이라고 해.
태양은 전형적인 주계열성이야.

별은 주계열성 단계에 가장 오래 머물러.
그동안에 열심히 빛과 열을 만들어 내지.
가볍고 작은 별일수록
오래 주계열성으로 있다가 조용히 죽어 가.

태양이 주계열성 단계를 벗어나게 되면
점점 더 커지면서 적색 거성이 돼.
바깥쪽은 점점 더 부풀어서 커지고
중앙 부분은 점점 더 단단하고 무거워져.

적색 거성이 된 태양은 지구를 집어삼키고
화성 궤도까지도 집어삼킬 정도로 커져.
그럼 지구의 물은 모두 말라 없어지고
생물들도 모두 없어질 거야.

태양은 점점 커지다가 마침내 펑! 폭발해.
폭발로 날아간 바깥층은 둥그런 성운이,
중앙에 남은 건 백색 왜성이 될 거야.

하지만 안심해. 멀고 먼 미래의 일이니까.
태양은 지난 50억 년 동안 주계열성이었고
앞으로도 50억 년을 주계열성으로 있게 되거든.

질량이 큰 별일수록 수명이 짧아.
태양 질량의 1.5배만 되어도
수명은 태양의 3분의 1밖에 안 돼.
15배면 1,000분의 1로 줄고.

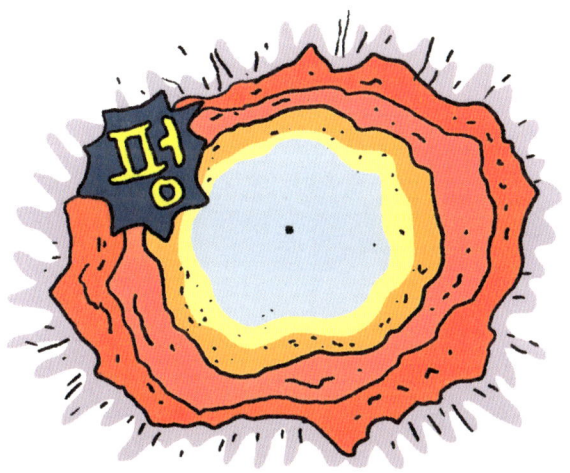

태양보다 좀 더 무거운 별들이 폭발하면
태양이 폭발할 때보다 큰 성운이 생겨.
중앙에 남는 것도 더 무겁지.
이때 중앙에 남는 것은 대개 중성자별이야.

중성자별의 물질들은 점점 가까이 모이고,
어떤 것들은 빛까지 당기는 블랙홀이 돼.
물론 아주아주 무거운 별이 폭발하면
처음부터 중앙에 남은 것이 블랙홀이 되지.

# 우주엔 별이 얼마나 많이 있어?

달 없는 맑은 밤에 하늘을 보면
쏟아질 것처럼 많은 별을 볼 수 있어.
그럼 그것들만 다 세어 보면
우주의 별이 몇 개인지 알 수 있을까?

천체가 우리 눈에 보이는 밝기를 '겉보기 등급'이라고 해.
겉보기 등급 수치가 낮을수록 밝은 별이야.
한 등급의 밝기 차이는 2.5배이고.

태양의 겉보기 등급은 －26.7등급이나 돼.
－25등급보다 밝으면 눈이 아파지기 때문에 한낮의 태양은 절대 맨눈으로 보면 안 돼.
망원경이나 쌍안경은 더더욱 안 돼.

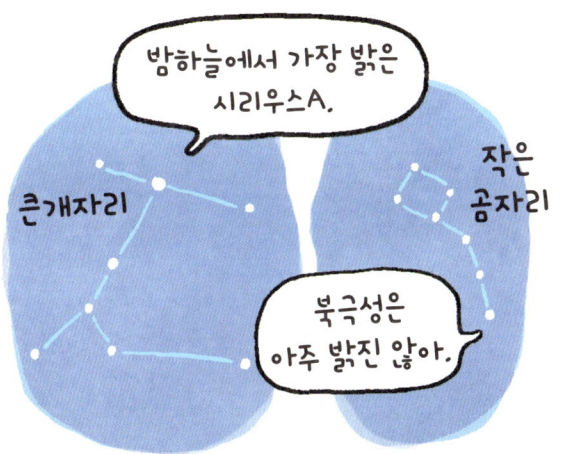

가장 밝게 보이는 별 시리우스A는 －1.46등성이야. 북극성은 1.97등성 정도고.
생각보다 아주 밝지는 않지?

맨눈으로 볼 수 있는 건 6등성까지야.
그것도 아주 맑고 깜깜한 밤에, 주변 불빛이 없는 곳에서라야 겨우 보여.

겉보기 6등급인 별은 6천~1만 개지만,
우린 남반구 하늘을 볼 수 없고
우리가 사는 곳엔 주변 불빛도 많아서
별을 1천 개 정도 보기도 힘들어.

하지만 좋은 쌍안경으로 보면
그보다 훨씬 어두운 별들도 보여.
볼 수 있는 별의 수가 확 늘어나지.
은하수도 정말 별들의 강처럼 보일 거야.

그리고 좀 더 많이 확대해 주는
큰 망원경으로 보면
희미한 점처럼 보였던 것들 중에
은하나 성단이 있다는 것도 알게 되지.

앞에서도 말했지만
우주에는 1,700억 개가 넘는 은하가 있어.
2조 개가 넘는다고 말하는 과학자들도 있고.

은하의 크기도 매우 다양해.
약 1천만 개의 별이 있는 작은 은하도 있고,
별이 100조 개나 되는 거대 은하도 있지.
우리은하의 별은 1천억~4천억 개야.

그 많은 걸 누가 다 셌냐고? 미안하지만
직접 센 게 아니야. 1초에 하나씩 세도
100년 동안 겨우 30억 개밖에 못 세는걸.
다른 은하의 별 개수도 마찬가지야.

생각해 봐. 현대의 최첨단 망원경으로도
멀리 있는 은하는 정말 작게 보여.
그러니 그런 은하에 별이 몇 개 있는지
어떻게 세겠어.

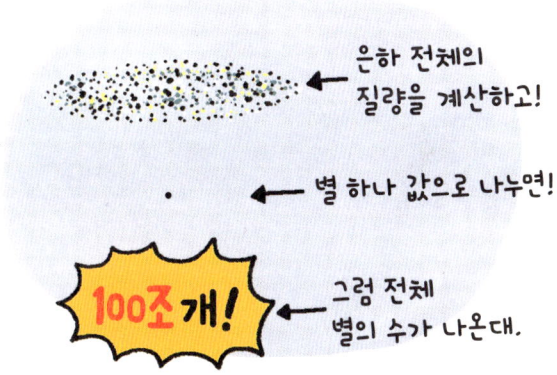

그래서 과학자들은 주로
은하의 질량을 계산한 후,
별 하나의 평균 질량으로 나누어서
은하 안에 있는 별의 수를 '계산'해 내.

# 별들이 많은데 밤하늘은 왜 어두울까?

은하의 수를 아무리 적게 잡아도
밤하늘의 별은 지구 모래알 전체보다 훨씬 많아.
그런데 밤하늘은 왜 어둡지?

앞에서 했던 별의 밝기 이야기, 기억나?
아무리 크고 밝은 별이라도
멀리 있으면 희미하게 보인다는 거.

밝기가 똑같은 별 A, B가 있는데
A는 1AU 거리에, B는 2AU 거리에 있다면
B의 밝기는 A의 4분의 1밖에 안 돼 보여.
거리를 두 번 곱한 것만큼 밝기가 줄어들지.

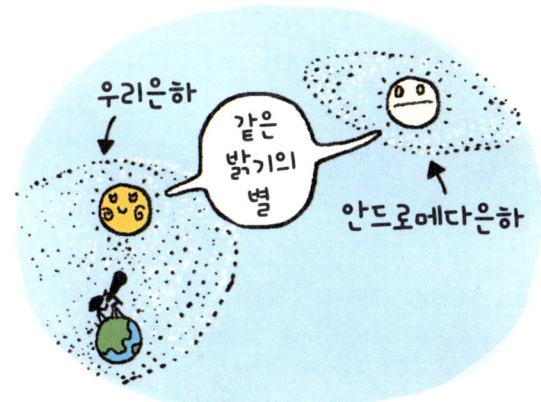

만약 태양과 똑같은 밝기의 별이
안드로메다은하에 있다면
우리 눈으로 보이는 그 별의 밝기는
태양보다 얼마나 덜 밝을까?

태양은 지구에서 1AU에,
그 별은 1,600억AU에 있어.
그러니 그 별은 거리를 두 번 곱한 것만큼
태양보다 덜 밝게 보일 거야.

1,600억×1,600억만큼 태양보다
덜 밝아 보인다는 거지.
정확한 숫자가 얼마일지는 몰라도
엄청나게 어두워 보인다는 건 잘 알겠지?

다른 은하들은 안드로메다은하보다
훨씬 훨씬 더 멀어. 그래서 하나의 은하 전체가
아주 작은 점으로 보이거나
맨눈으론 아예 안 보이기도 해.

게다가 우주는 팽창하고 있기 때문에
천체들은 지구에서 점점 멀어지고 있어.

구급차 소리를 잘 들어 보면,
달려올 때 소리는 점점 높아지고 커지지만
멀어질 때는 소리가 점점 낮아지고
작아지잖아?

별빛도 비슷해.
멀어지는 별에서 오는 빛은
점점 희미해져.

그리고 빛에는 사람이 볼 수 있는 빛과
사람이 볼 수 없는 빛이 있는데,
천체가 멀어질 때는
사람이 볼 수 없는 빛이 많이 나와.

우주가 엄청나게 넓고 별은 아주 먼 데다가
천체들은 계속 멀어지고 있으니,
태양이 안 보이는 밤이 되면 어두울 수밖에.

그래도 우리에겐 달이 있어서 참 다행이야.
달도 모양에 따라 밝기가 달라지긴
하지만 말이야.

# 우주는 얼마나 클까?

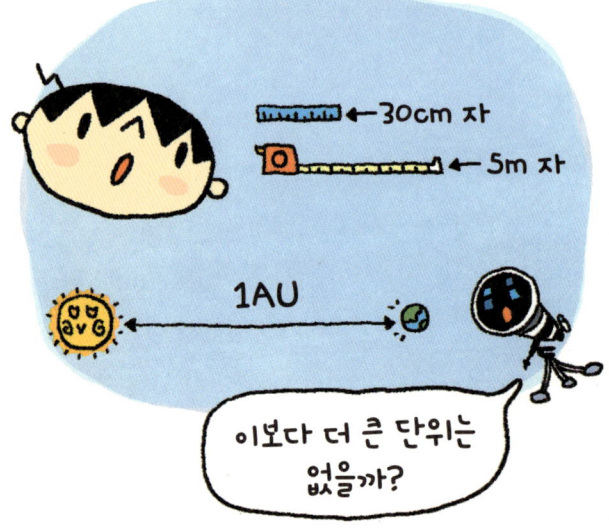

태양계 천체 사이의 거리를 말하기 위해
태양에서 지구까지 거리를 기준으로 한
천문단위 AU를 만들었다고 했잖아.
그런데 그것 말고 다른 단위도 있어.

우주와 은하의 크기나 넓이를 말하려면
AU보다도 훨씬 큰 단위가 필요해.
우리은하의 지름만 해도
66억8천458만AU나 되니까.

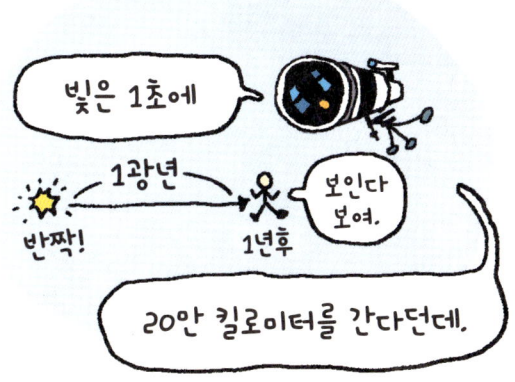

그래서 과학자들은 '광년'이라는
단위를 만들었어.
1광년은 빛이 1년 동안 가는 거리야.

1광년은 약 6만3천AU에 해당해.
그럼 우리은하의 지름은 10만5700광년,
안드로메다은하까지 거리는
약 250만 광년이야.

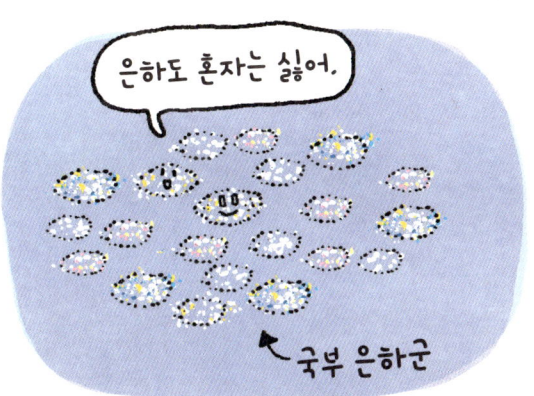

우리은하와 안드로메다은하는
가까이 있는 40여 개의 은하들과 함께
'국부 은하군'이라는 무리를 이루고 있어.

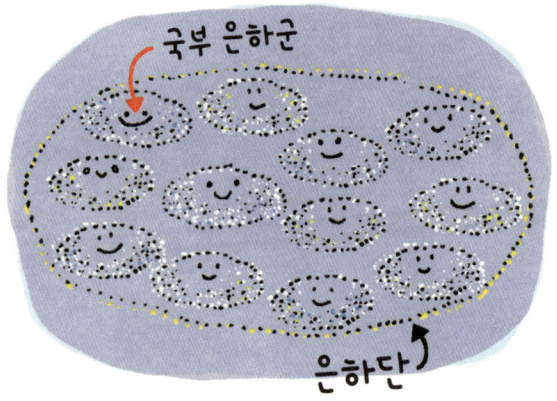

그리고 여러 개의 국부 은하군이 모여서
'은하단'을 만들어.

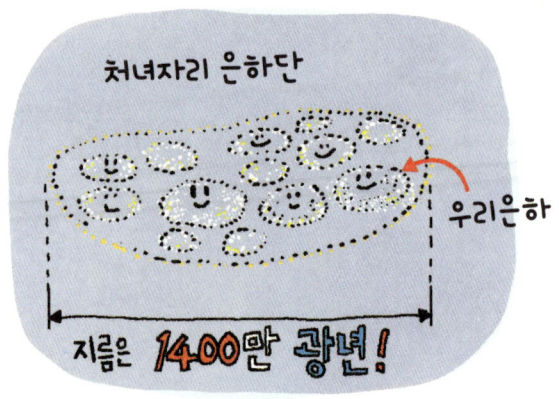

우리은하가 포함된 은하단은
'처녀자리 은하단'이야.
처녀자리 은하단의 지름은 1,400만 광년쯤 돼.

은하단들은 모여서 초은하단을 만들어.
처녀자리 은하단은
라니아케아 초은하단에 속해 있어.

이게 끝이 아니야. 초은하단들은 모여서
시트, 필라멘트, 장성 등의 구조를 만들어.
그런 것의 지름은 수억~수십억 광년이나 돼.

그러니 우주는 상상도 못 할 만큼 크겠지?
과학자들은 지금 지구에서 '관측할 수 있는'
우주의 끝까지가 138억 광년이라고 말해.

그렇다고 해서 '지금' 우주의 '반지름'이
138억 광년이라는 것은 아니야.

가장 멀리 있는 천체에서 나온 빛이
우리에게 도착할 때까지
138억 년이 걸렸다는 말이지.

그런데 그 138억 년 동안에도
우주는 계속 팽창했겠지?
그것까지 생각해서 '계산하면'
지금 우주의 반지름은 465억 광년이래.

# 우주를 이해하려는 인간의 노력

앞에서 알아본 것처럼 우주는 엄청나게 넓어.
그리고 천체들은 서로 엄청나게 멀리 떨어져 있어.

- 지구 ↔ 달
  38만 킬로미터
- 지구 ↔ 화성
  5,460만 킬로미터
- 지구 ↔ 가장 가까운 외계 항성
  4.37광년

그러니 옛날은 물론이고 지금도 달을 제외하면
다른 천체들로 사람이 직접 가는 건 아직 꿈에서나 할 수 있는 일이야.

하지만 사람들은 지구에 발붙이고서도
## 아주 옛날부터 관측과 계산만을 통해서 우주에 대한 많은 것들을 알아냈어.

우주의 모양과 질서, 즉
## 우주관을 만들었어.
## 물론 우주 모형도 만들었지.

우주 모형은 우주관보다 좀 더 구체적인 것으로,
천문 현상들을 예측하거나 설명할 수 있는 것을 말해.

옛날 사람들도 태양, 달, 수성, 금성, 화성, 목성, 토성의 움직임을
매우 꼼꼼하고 끈질기게 관측했고 그들의 우주 모형은
실제 관측 결과와 꽤 잘 들어맞았을 뿐 아니라 그 천체들의 운동을 잘 예측했어.

천체를 관측할 수 있는 도구들은 꽤 많아.
천체에서는 여러 가지 빛이 나와.

## 빛은 계속 진동하는데,
## 한 번 진동할 때 가는 거리를 '파장'이라고 해.

빛 중에는 사람이 볼 수 있는 빛인 가시광선도 있고,
가시광선보다 파장이 긴 적외선도 있고,
적외선보다도 파장이 훨씬 긴 전파도 있어.
가시광선보다 파장이 짧은 자외선도 있고,
자외선보다도 파장이 훨씬 짧은 X선도 있지.
X선보다 파장이 짧은 감마선도 있어.

## 주로 어떤 빛을 관측하느냐에 따라
## 망원경의 종류가 결정돼.

이런 망원경들로 얻은 자료를
성능 좋은 컴퓨터로 분석해서
인류는 우주의 더 많은 것들을 무서운 속도로 알아내고 있어.
하지만 아직도 갈 길이 멀어.

# 아주 옛날 사람들도 천문학을 했다고?

오늘이 몇 월 며칠인지 어떻게 알지?
달력을 보면 된다고? 맞아.
달력이 없으면 우린 날짜를 알 수 없을 거야.
그런데 달력은 어떻게 만들어졌을까?

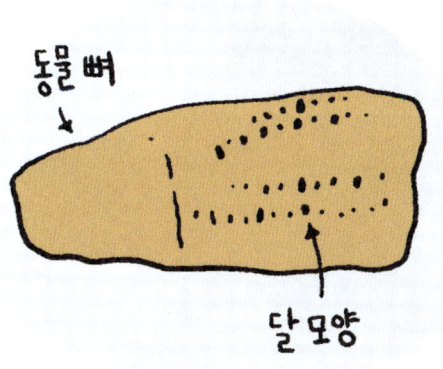

가장 오래된 달력으로 알려진 것은
동물 뼈에 달의 모양 예순아홉 개를 새긴 것인데,
2만 5천~3만 년 전의 것이라고들 해.

고대 이집트 사람들은 태양을 관찰해
태양의 운동을 이용한 달력을 사용했어.
태양은 1년을 주기로 뜨고 지는 위치가
매일 달라지거든.

고대 이집트에서는 별의 움직임도 관찰했어.
이집트의 나일강은 1년마다 홍수가 났는데,
시리우스A가 언제 뜨느냐를 보고
나일강이 넘칠 시기를 알 수 있었대.

별자리는 약 7천 년 전
메소포타미아 목동들이 밝은 별 여러 개를
묶어서 만들었다고 해.

물론 동양 사람들도 아주 오래전부터
별자리를 만들고 천문 현상들을 기록했어.
동양의 별자리는 서양의 것보다
훨씬 더 세밀하고 촘촘해.

서양에서는 여러 개의 밝은 별들을 묶어
하나의 별자리로 보았지만
동양에서는 희미한 세 개, 네 개의 별들도
각각 다른 별자리로 보았거든.

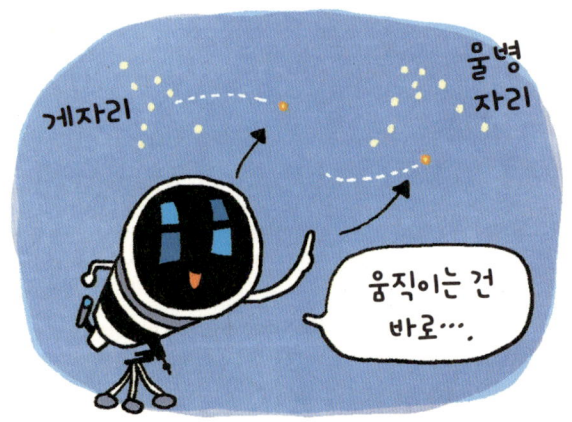

별자리를 잘 알고 있으면
항성과 행성도 구분할 수 있어.
별자리의 모양은 언제나 똑같은데,
긴 시간 관찰하다 보면 이상한 천체가 보여.

별자리 사이를 누비기도 하고
별자리를 가로질러 움직이기도 하는
천체가 있는 거야!
그게 바로 태양계의 행성이야.

수천 년 전 사람들은
오랜 시간 꼼꼼하게 밤하늘을 관찰해서
하늘에 박힌 것처럼 보이는 별들과는
다르게 움직이는 다섯 행성을 찾아냈지.

그런데 왜 다섯 행성뿐이냐고?
일단 우리는 지구에 있으니 지구는 빼야지?
그리고 천왕성, 해왕성은 너무 멀리 있어서
망원경이 많이 발전된 후에야 발견되었어.

그뿐 아니야. 수천 년 전부터 사람들은
일식과 월식도 예측할 수 있을 만큼
기록도 잘했고 계산도 잘했어.

혜성들도 잘 관찰해서 기록했지.
특히 우리나라를 비롯한 동양 사람들은
혜성의 여러 가지 모양까지도
정확하게 그려 놓았어.

# 옛날 사람들이 생각했던 우주는 어땠을까?

수천 년 전 사람들의 우주관은 참 재미있어.
땅의 신과 하늘의 신이 등장하는가 하면,
코브라와 거북, 코끼리가 나오기도 하지.

하지만 이런 것들은
종교나 신화의 우주관이지,
해와 달과 다섯 행성의 움직임을 설명할
과학적 우주 모형은 아니야.

도형과 수학이 동원된 과학적 우주 모형은
고대부터 만들어지기 시작했어.
동양과 이슬람 세계에서도 여러 우주 모형이
등장했고 정밀한 계산이 이루어졌어.

서양에선 하늘이 변하지 않는다고 믿었지만
동양에선 하늘이 계속 변하고 하늘에서
일어나는 일이 땅에 영향을 준다고 믿었지.
천문을 연구하는 국가 부서를 둘 정도였어.

하지만 우리에게 익숙한 우주 모형은
서양의 것이야. 기원전 4세기쯤부터
고대 그리스 학자들이 만들기 시작했어.

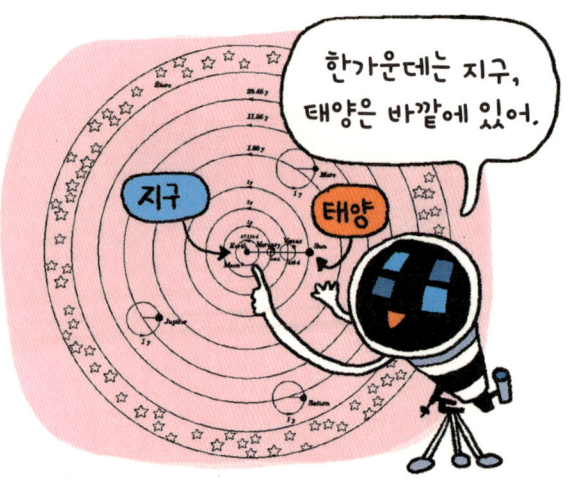

서기 150년에 완성된 프톨레마이오스 모형은
1,600년 동안이나 서양 천문학을 지배했어.
여기선 지구가 우주의 중심이고
모든 천체가 지구를 중심으로 돌아.

하지만 지금의 우리는 잘 알고 있지.
지구는 태양계의 중심이 아니라는 걸.
그러니 프톨레마이오스 우주 모형은
초기에는 실제 관측과 잘 맞을 수 없었어.

그래서 주전원이라는 작은 원을 그려 넣고,
행성들이 실제로는 그 원을 따라
움직인다고 주장했어. 주전원 위를 움직이면서
지구 둘레를 돈다는 거지.

그래도 실제 관측과 잘 맞지 않아서
주전원을 조금씩 더 넣게 되었어.
나중엔 주전원이 너무 많아져서
알아볼 수 없을 정도로 복잡해졌지.

1543년 코페르니쿠스는
지구가 아닌 태양을 중심에 놓고
지구도 태양 주위를 돈다고 가정하면
우주가 더 단순하게 설명된다고 발표했어.

하지만 코페르니쿠스 우주 모형은
거의 받아들여지지 않았어.

코페르니쿠스 모형도 결함이 꽤 있었고,
당시 강한 힘을 가진 기독교가
프톨레마이오스 모형을 지지했거든.

그런데 18세기 조선의 학자 홍대용도
지구가 돌고 우주는 무한하다고 주장했어.
지구는 공처럼 생겼다고도 주장했지.
당시 조선에선 지구가 평평하다고 생각했어.

# 망원경이 생긴 후엔 무엇을 더 알게 되었을까?

갈릴레오는 망원경으로 밤하늘을 관측한 최초의 인물이야.
그리고 그 광학 망원경도 직접 만들었지.

갈릴레오는 1610년부터 망원경을 사용하여
달 표면과 목성의 위성을 관측했어.
그리고 기독교 우주관이 틀렸다고 생각했어.

기독교 우주관에서는 달 표면이 매끄럽고
모든 천체는 지구를 공전한다고 했는데
갈릴레오가 본 달 표면은 울퉁불퉁했고
목성의 위성은 목성을 중심으로 공전했거든.

갈릴레오는
금성의 모습이 변하는 것도 관측했어.
그러고는 코페르니쿠스 모형이
실제와 더 비슷하다고 생각했지.

갈릴레오가 망원경으로 관측한 결과,
금성은 코페르니쿠스 모형에서
예측되는 모습들을 다 보여 주었거든.

그 관측 후에 코페르니쿠스 모형이 곧바로 받아들여지지는 않았지만, 천문학자들이 태양 중심 모형을 더 진지하게 연구하는 계기가 되었지.

맨눈 관측의 챔피언이었던 튀코 브라헤는 태양 중심 모형을 받아들이지는 않았지만, 별들이 우주 가장자리에 박혀 있는 것이 아니라 우주 공간에 떠 있다는 걸 알아냈어.

17~18세기에 걸쳐 성능이 더 좋은 망원경이 만들어지면서 별들이 빽빽하게 모인 구상 성단도 발견되고

가스와 먼지의 구름인 성운들도 발견되면서 우주에 다양한 천체들이 있다는 것을 알게 됐어.

18세기에는 허셜이 커다란 망원경을 만들어 여동생 캐롤라인과 함께 천왕성을 비롯한 2,400여 개의 천체를 발견했어.

우리은하 개념도 허셜이 만든 거야. 허셜은 우리은하 안의 별이 3억 개라고 계산했어. 그리고 가운데가 볼록한 렌즈 모양의 우리은하 그림도 그렸지.

19세기에는 천왕성 밖에 행성이 더 있다며 애덤스와 르베리에가 위치를 예측했고, 갈레가 망원경으로 그 위치에서 정말로 해왕성을 발견했어.

우리은하와 우주에 관한 구체적인 연구는 20세기 초반, 망원경으로 보이는 모습을 사진으로 남기는 기술이 발명되면서 시작되었어.

# 20세기부터는 우주 지식이 휙휙 변한다고?

1922년, 캅테인은
좋은 망원경으로 얻은 사진을 연구해서
우리은하의 지름이 4만 광년이라고 말했어.
태양계가 거의 중심에 있다고 믿었고.

비슷한 시기, 섀플리는 태양계의 위치가
우리은하의 중심이 아니라고 말했어.
옳은 주장이긴 하지만, 섀플리도 캅테인처럼
우리은하가 우주의 전부라고 생각했어.

우주에 다른 은하들이 더 있다는 건
1924년에 허블이 알아냈어.
사람이 아는 우주의 범위가
엄청나게 더 넓어진 거지.

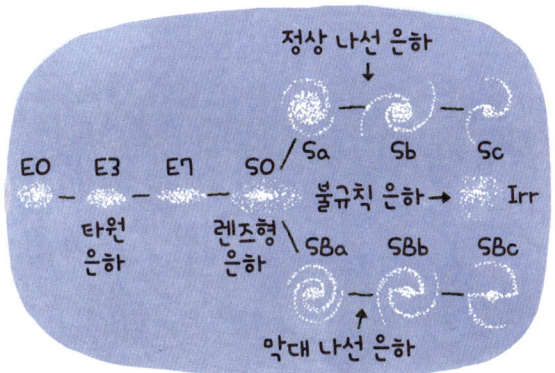

허블은 은하들을 자세히 관찰해서
모양별로 분류하기도 했어.
허블은 우주 과학에 정말 많은 공헌을 해서,
우주로 나간 최초의 망원경에 그의 이름이 붙었어.

허블은 또 천체들이 빠른 속도로
서로 멀어져서 우주가
팽창하고 있다는 것도 알아냈어.

1925년, 여성 천문학자 페인은 태양이 암석이 아니라 대부분 수소 가스로 되어 있다는 사실을 알아냈어. 하지만 지도 교수에게 그 업적을 빼앗겼지.

1931년부터는 전파 망원경이 만들어졌어. 전파는 지구 대기와 땅의 굴곡의 영향을 받지 않아서, 아주 먼 우주에서 오는 전파도 또렷하게 잡았어.

그래서 먼 우주에 관한 연구가 활발해졌지. 우주가 만들어진 빅뱅 때 나온 전파가 지금도 실제로 멀리서 오고 있다는 것도 전파 망원경 덕분에 밝혀졌어.

1990년에는 커다란 광학 망원경을 지구 대기권 밖으로 올려 보냈어. 그게 바로 최초의 우주 망원경인 허블 우주 망원경이야.

대기권 안에서는 아무리 좋은 망원경으로도 보이지 않던 은하들을 허블 망원경은 엄청나게 많이 찾아냈어. 인류가 아는 은하와 별의 수가 어마어마하게 늘어났지.

1991년에는 감마선과 X선을 관측하는 콤프턴 망원경이 우주로 올라갔어. 감마선과 X선 망원경들은 강한 에너지를 내뿜는 천체들을 많이 찾아 주었어.

1999년에는 찬드라 X선 망원경이, 2008년에는 페르미 감마선 망원경이 우주 공간으로 올라갔어. 중성자별과 블랙홀도 이런 망원경으로 많이 발견됐지.

2022년 12월에는 적외선도 볼 수 있는 제임스 웹 망원경이 우주로 갔으니, 이제 먼 거리 천체들과 외계 행성 연구가 더욱 활발해질 거야.

# 우주로 나가려는 인간의 도전

## 정확하게 말하자면
## 우리가 살고 있는 땅도 우주 공간이야.

> **지구도 엄연히 우주 공간에 존재하는 천체니까.**

하지만 우주 공학에서 말하는 우주, 또는 우주 공간은 의미가 좀 달라.
지구를 감싸고 있는 공기가 거의 없어지는 곳부터를 우주 공간이라고 하지.

여기에 관해 더 깊이 이야기하려면
지구 공기층, 즉 대기권의 구조를 알아야 해. 대기권은 온도와 구성 성분에 따라
**대류권, 성층권, 중간권, 열권, 외기권**으로 구분돼.

국제 우주 정거장을 비롯한 인공위성들은
거의 다 열권 또는 외기권에서 돌고 있어.
그러니 우주 공학자들이 말하는 우주 공간은 대략 열권에서부터 시작되는 셈이지.
좀더 정확히는, 국제 항공 연맹에서는 고도 100킬로미터,
미국 공군에서는 고도 80킬로미터 이상을 우주 공간이라고 정하고 있어.

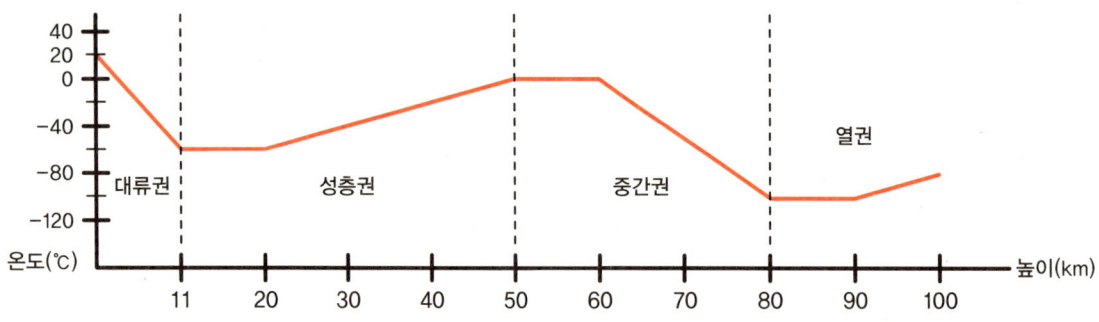

# 미국과 소련의 우주 경쟁

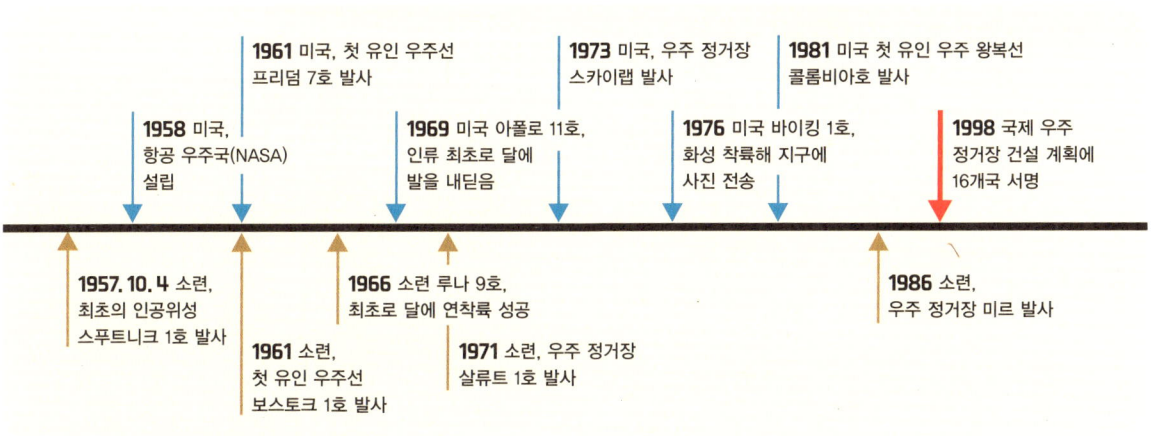

**1958** 미국, 항공 우주국(NASA) 설립
**1961** 미국, 첫 유인 우주선 프리덤 7호 발사
**1969** 미국 아폴로 11호, 인류 최초로 달에 발을 내딛음
**1973** 미국, 우주 정거장 스카이랩 발사
**1976** 미국 바이킹 1호, 화성 착륙해 지구에 사진 전송
**1981** 미국 첫 유인 우주 왕복선 콜롬비아호 발사
**1998** 국제 우주 정거장 건설 계획에 16개국 서명

**1957. 10. 4** 소련, 최초의 인공위성 스푸트니크 1호 발사
**1961** 소련, 첫 유인 우주선 보스토크 1호 발사
**1966** 소련 루나 9호, 최초로 달에 연착륙 성공
**1971** 소련, 우주 정거장 살류트 1호 발사
**1986** 소련, 우주 정거장 미르 발사

**우주로 나가거나 이미 나가 있는 물체들에 관해 이야기할 때는 그 개념과 이름들을 잘 알아야 해.**

| | |
|---|---|
| **우주선** | 우주 공간에 있는, 사람이 만든 모든 비행 물체. 인공위성, 우주 왕복선, 우주 탐사선 등을 모두 이르는 말. |
| **우주 발사체** | 우주선을 지구에서 우주 공간으로 쏘아 올리는 데 사용하는 로켓. |
| **로켓** | 연료를 폭발에 가깝게 태우면서, 그때 아래쪽으로 분사되는 엄청난 속도의 가스로 추진력을 얻어 날아가는 물체. |
| **발사 기지**(우주 센터) | 주 발사체를 쏘아 올릴 공간과 장비들을 갖춘 곳. |
| **인공위성** | 열권 또는 그보다 높은 곳으로 쏘아 올려져서 지구나 다른 천체 주위를 공전하는 물체. |
| **탐사선** | 다른 천체 또는 지구를 탐사하고 과학 정보를 수집하여 지구로 보내기 위해 우주로 쏘아 올린 관측 도구. |
| **우주 정거장** | 사람이 우주 공간에서 오래 머물며 활동할 수 있도록 만든 우주선. |
| **우주 왕복선** | 우주와 지구를 반복적으로 왕복할 수 있게 만든 우주선. |
| **우주인** | 우주 공간으로 나간 경험이 있는 사람. |

# 물체가 지구를 벗어나는 건 왜 힘들어?

공을 위로 아무리 힘껏 던져도 곧 떨어져.
맞아. 지구의 중력 때문이야.
그래도 더 빠르게 던져 올릴수록
더 높은 곳까지 올라가긴 해.

물체가 우주 공간으로 나가려면
시속 2만 8천 킬로미터로는 쏘아 올려야
열권까지 가서 다시 떨어지지 않을 수 있어.
이 속도를 '제1 탈출 속도'라고 해.

가장 빠른 비행기가 시속 8,200킬로미터이니
시속 2만 8천 킬로미터는
정말 놀라운 속도지만, 물체를 열권에
올려놓는 정도밖에 안 돼.

외기권도 벗어나고 지구의 영향을 벗어나
물체가 지구를 완전히 떠나려면
무려 시속 4만 킬로미터로 쏘아 올려야 해.
이 속도가 '제2 탈출 속도'야.

비행기 엔진은 제1 탈출 속도도 낼 수 없어.
그래서 로켓이 필요해.
로켓은 연료를 거의 폭발에 가깝게 태우며
어마어마한 속도로 날아가는 장치지.

연료가 타려면 산소가 필요한데,
위로 올라갈수록 산소는 거의 없어져.
그래서 로켓은 연료는 물론이고
산소를 만들 물질까지 넣을 수 있어야 해.

로켓 무게의 대부분은 이런 물질이 차지해.
그러니 아주 작은 인공위성을
열권까지 올려놓기만 하는 데도
크고 무거운 로켓이 사용될 수밖에 없지.

다른 천체까지 갈 탐사선을 쏘아 올리려면
연료가 더 필요하니까
그보다 훨씬 더 큰 로켓이 필요하고.

로켓을 제대로 만드는 건 참 어려워.
단단한 철도 1,538도가 넘으면 녹아 버리는데
로켓 연료가 탈 때는 3천 도나 되거든.
그래서 특수 소재와 정교한 기술이 필요해.

사실, 로켓을 만들기도 어렵지만
그것을 발사할 발사대와
발사와 제작을 모두 관리할
발사 기지를 만드는 것도 매우 힘든 일이야.

발사체 기술과 발사 기지를
한 나라가 다 갖추는 건 대단한 일이야.
우리나라는 열세 번째 발사 기지 보유국이고,
일곱 번째 발사체 보유국이야.

그래도 사람들은 갖가지 어려움을 딛고
다양한 탐사선들을 많이 만들어 보냈어.
지금 활동하는 것은 국제 우주 정거장만 빼면
모두 무인 탐사선이지만 그것도 굉장한 거야.

달에는 이미 많은 달 탐사선이 가 있고,
태양을 연구하는 탐사선도 있어.
태양계의 모든 행성엔 탐사선이 가 있거나
한 번씩은 지나가며 여러 가지를 관측했어.

# 사람이 달로 가는 건 얼마나 더 힘들어?

사람이 달로 가는 건,
그저 우주로 탐사선을 쏘아 올리는 것과는
비교가 안 되게 정말 정말 어려운 일이야.

유인 우주선은 무인 우주선보단 훨씬 커야 해.
우주인이 들어가 활동할 수 있어야 하고
우주인들이 쓸 장비도 들어가야 하니까.

최초의 무인 인공위성 스푸트니크 1호는
83.6킬로그램이었지만 최초의 유인 우주선
보스토크 1호는 4.7톤이나 되었던 걸 보면
무인 우주선과 유인 우주선의 덩치 차를 알겠지?

보스토크 1호는 열권까지만 갔다 왔으니
제1 탈출 속도만 내면 되지만,
달까지 가려면 지구를 벗어나야 하니까
제2 탈출 속도를 내야 해.

문제는 그뿐만이 아니야.
열권까지는 금세 올라가지만
달까지는 꼬박 3일을 가야 해.
그러니 연료도 비교할 수 없이 많이 들지.

최초로 달에 착륙한 아폴로 11호는
세 사람이 들어가서
8일 동안 생활했을 만큼 컸어.

또, 우주인들을 영원히 달에 둘 순 없으니,
돌아올 때 사용할 연료도 넣어야 했지.
그래서 우주선 자체의 무게도 굉장해.
아폴로 11호의 무게는 50톤이나 되었어.

얼마 전 누리호가 싣고 간
인공위성들의 무게는 모두 합해 1.5톤이었어.
그런데도 발사체인 누리호의 무게는 200톤,
높이는 47.2미터(아파트 15층 정도)나 됐지.

그럼 아폴로 11호를 달까지 보냈던
새턴V 로켓의 무게가 약 3천 톤이나
되었다는 게 이해가 되지?
새턴V의 높이는 110미터가 넘었어.

아폴로 계획은 1호부터 17호까지 있었어.
성공한 것은 11호와 12호, 14~17호였어.
아폴로 계획에 들어간 돈은
요즘 돈으로 환산하면 200조 원이 넘어.

유인 달 탐사는 돈이 너무 많이 드는 데다
무인 탐사선으로 많은 것을 알 수 있으니까
요즘엔 달에 사람을 보내지 않고 있어.

앗, 달에 가고 싶은데
이젠 영영 기회가 없는 거냐고?
그렇진 않아. 요즘엔 여러 나라에서
다시 사람을 달로 보낼 생각을 하고 있어.

비록 비용은 어마어마하게 들지만,
사람이 직접 가야만 할 수 있는 일들이 있거든.
목적에 꼭 맞는 흙과 돌을 연구하거나
달 기지를 지으려면 사람이 직접 가야 해.

# 우주인이 되려면 어떻게 해야 할까?

지금 우리가 직접 우주로 나가 머물려면
우주 정거장으로 가는 수밖에 없어.
현재 활동하는 유일한 유인 우주선이니까.

우주인이 되는 가장 쉬운 길은
우주 관광객이 되는 거야.
많은 돈과 강한 체력에 기본 훈련을 받으면
우주 정거장을 방문할 수 있어.

하지만 우주 공간까지 올라갈 때나
무중력 상태에서 생활할 때,
사람의 몸은 많은 고통을 겪으니까
그것을 극복할 준비가 되어 있어야 해.

그러려면 일단 체력을 길러야 하고
여러 가지 시험을 통과해야 해.
심장을 빨리 뛰게 하고 혈압을 높이면서
어디까지 견디는가를 시험하고,

지구에서 받는 중력보다
몇 배나 강한 중력을 잘 견디는지 보고,
빠르게 도는 원통형 방 안에서도
맑은 정신을 유지할 수 있는지를 확인하지.

시험을 통과하면 본격적인 훈련이 시작돼.
무중력 훈련은 물론이고
우주선이 지구 가까이서 고장 났을 때
우주선에서 탈출하는 훈련도 해.

우주선이 지구로 돌아와서 계산된 위치에
착륙하지 못할 때를 대비한 생존 훈련도 해.
어디에 떨어지든 구조대가 올 때까지
살아남아야 하니까.

우주 정거장에서 동료와 싸우면
밖으로 나가 화를 풀 수도 없어.
그래서 폐쇄된 공간에서
동료들과 잘 지내는 훈련까지도 해야 해.

정거장 밖, 진짜 우주 공간으로 나가려면
몸을 보호하는 선외복을 입어야 하는데,
선외복은 작은 우주선이라 할 정도로 복잡해서
선외복을 입고 벗는 연습도 하지.

우주 정거장에서 임무를 하려면
정말 정말 까다로운 자격을 갖추어야 해.
최종 책임을 지는 선장이 되려면
우주인 경험이 많아야 하고,

우주선을 조종하는 조종사가 되려면
전투기를 1천 시간 이상 몰았던
경력이 있어야 해.

우주선의 기기들을 관리하는 운용 기술자와
과학 실험과 연구를 하는 과학 기술자가 되려면
대학에서 관련 전공을 하고
그 분야에서 3년 이상 일해야 하지.

조건이 너무 까다롭다고?
하지만 우주 탐험의 비용은 엄청나고
정말로 많은 위험이 따르는 일이니까
이 정도 자격을 갖추어야 하는 건 당연해.

# 우리나라는 어떤 노력을 해 왔어?

우주로 무언가를 보내는 발사체를 만들려면 그야말로 '천문학적'인 비용이 들기 때문에, 발사체 기술과 발사 기지를 갖고 있다는 건 그 나라의 국력을 보여 주기도 하지.

미국과 소련은 1950년대부터
우주 경쟁을 시작했어.
유럽은 1975년에 유럽 우주국(ESA)을
만들어 우주 경쟁에 뛰어들었고,

인도는 1975년에는 인공위성을,
1980년에는 발사체를 만들면서
우주 공학 분야에서
선진국 위치를 차지했어.

우리나라는 1992년 우리별 1호 인공위성을,
그리고 1993년 우리별 2호 위성을 만들면서
비교적 뒤늦게 우주 산업에 합류했지.
이 두 위성은 관측 실험 위성이었어.

사실 관측 실험 위성은
생활에 직접적인 도움을 주진 않아.
가장 실용적인 위성으로는
통신 위성을 꼽을 수 있지.

우리나라는 1996, 1996, 1999년에 각각 무궁화 1호, 2호, 3호 통신 위성을 만들어서 위성 통신 시대로 들어섰어.

그 외에도 많은 인공위성을 만들어서 우주 공간으로 보냈지만, 안타깝게도 2009년 이전에는 모든 인공위성을 남의 나라 발사체에 태워 올려 보냈어.

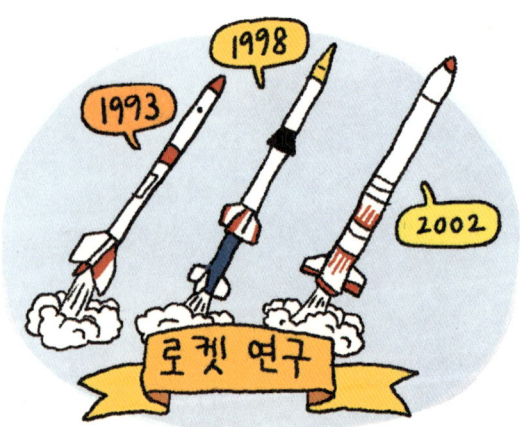

하지만 발사체 연구도 열심히 하고 있었어. 1993년에는 최초의 관측 로켓 KSR-I을 발사하여 성층권까지 보냈어.
그 후로도 꾸준히 관측 로켓들을 연구했고.

인공위성을 열권까지 보낼 본격적인 발사체 연구는 21세기에 와서야 시작됐어. 2013년에 나로호를 성공적으로 발사했지만 모든 부분을 다 우리 기술로 만들진 못했어.

발사체의 모든 부분을
다 우리 기술로 만드는 작업은
누리호 개발 사업에서 이루어졌어.

그 사이, 2009년부터 전라남도 고흥에
나로 우주 센터를 짓기 시작했지.

그리고 마침내 2022년에는
나로 우주 센터에서 누리호가 발사되어
인공위성들을 거의 다 제 궤도에 올려놓았지.
대한민국의 우주 공학 위상이 한층 높아졌고.

2022년 8월에는 달 탐사선 다누리를
미국 발사체에 실어서 발사했어.
그리고 이제는 달 탐사선까지 쏘아 올릴 수 있는
발사체를 만들 계획을 세우고 있어.

# 지구 주변이 쓰레기장이라고?

달에는 암스트롱의 발자국만
남아 있을 것 같지만,
사실 암스트롱의 신발도 남아 있어.

우주선이 가벼워야 발사 에너지가 덜 들고
같은 양의 연료로 더 멀리 날아가기 때문에
달에서 지구로 우주선이 발사될 때
우주인들은 많은 것을 달에 버리고 왔어.

지금 달에는 우주 신발 열두 켤레,
헬멧 세 개, 쓰레기와 배설물이 든 봉투
약 100개, 칫솔, 치약, 면도기, 물수건,
골프공 등 개인 물품들이 많이 버려져 있어.

그리고 사용하고 난 월면차 세 대와
지금까지 활동하다가 버려지거나
추락한 탐사선도 일흔 대 이상 남겨져 있지.
그 외에도 많은 설비와 쓰레기가 달에 있어.

달에 버려진 것이 많아서 깜짝 놀랐다고?
하지만 이건 아무것도 아니야.
지구 주변 우주 공간은 훨씬 더해.

스푸트니크 1호가 발사된 이래,
지구에서는 1만 개가 넘는
인공위성을 쏘아 올렸어.
그중 지금 활동하는 것은 3천 대도 안 돼.

인공위성은 떠 있는 높이에 따라
250~2,000킬로미터에서 활동하는 저궤도 위성,
2,000~3,600킬로미터에서 활동하는 중궤도 위성,
3,600킬로미터 근처의 고궤도 위성으로 나뉘어.

고궤도 위성들은 수명이 다하면
남겨 두었던 연료를 사용해서
몇백 킬로미터 더 높은 궤도로 올라가.
이 궤도를 '위성들의 무덤 궤도'라 부르지.

무덤 궤도까지만 무사히 올라가면 다행이야.
활동 중인 다른 인공위성들에
해를 끼치진 않을 테니까.

하지만 그렇지 못한 인공위성들은
낡고 부서져서 조각이 나고,
그 조각들은 다른 물체들과 충돌해
또 다른 쓰레기 조각을 만들지.

우주인들이 작업하다 놓친 장갑이나 공구도
우주 쓰레기야. 나사에서는 지름 1센티미터
이상의 우주 쓰레기가 지구 위에
50만 개 이상 있다고 발표했어.

우주 쓰레기들은 아주 빠른 속도로 공전해.
그래서 1센티미터짜리 우주 쓰레기라도
활동 중인 우주선들과 충돌하면
큰 피해가 생겨.

인간은 이제 우주 환경까지 오염시키며
스스로에게 불편과 위험을 안기고 있는 거야.
그래서 세계 여러 나라가
우주 쓰레기 처리 방법을 연구 중이야.

# 우주 시대! 우리가 조심해야 할 것은?

우주 시대는 이미 열렸어.
그리고 경쟁은 점점 더 심해지겠지.
하지만 그럴수록 윤리적인 문제까지 생각해서
더 조심스럽게 우주로 향해야 해.

미국과 소련의 우주 경쟁 시절,
그리고 그 조금 후에 중국에서도
사람을 우주선에 태우기 전에
많은 개와 원숭이들을 우주로 보냈어.

무사히 돌아온 동물들도 있지만,
처참하게 죽어 간 동물도 많아.
우주로 안 간다고 큰일 나는 것도 아닌데,
동물을 희생시킨 것은 과연 옳았을까?

그럴 수밖에 없었다고 말하는 사람도 많아.
인간이 타고 가도 되는가를
가장 손쉽고 빠르게 알아낼 방법이고,
우주 개발 기술로 일상생활이 발전했으니까.

하지만 기술이 좀 늦게 발전하더라도,
굳이 동물을 희생시키지 않고
센서들을 많이 이용하고 자료들을 수집해서
천천히 우주로 가도 괜찮다는 의견도 있어.

그리고 이건 미래의 일이지만,
태양계 다른 천체들에 생물이 있다면
우리 탐사선들에 묻어간 생물들이
그곳의 생물들을 병들게 하고 죽일 수도 있어.

인간이 다른 천체에 갔다 올 때
아무리 조심한다 해도
그곳에서 묻어온 물질이
지구 생물을 위험하게 할 수도 있고.

지구 생물과 외계 생물의 희생도 문제지만,
우주 공간에 쓰레기를 많이 남기는 것도
큰 문제야.

이제 우리는 우주로 나가는 기술뿐 아니라
쓰레기를 되가져오고 또 최소화할 수 있는
기술도 아주 적극적으로 연구해야 해.

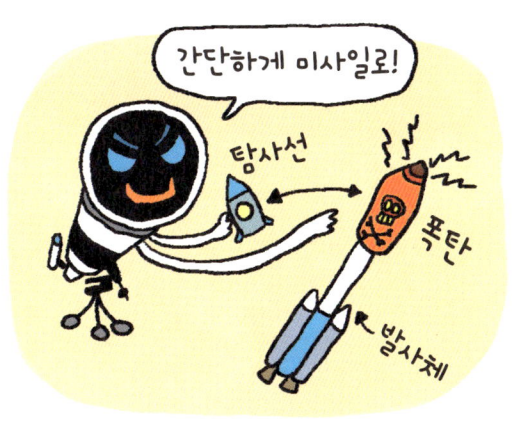

옛날 미국에서는 우주 왕복선을 이용했지만
2011년 사용이 중단되었고
요즘 다시 재사용 발사체를 사용하고 있지만
아직 시작 단계야.

그리고 모든 로켓이 발사체인 건 아니지만
모든 발사체는 로켓이야.
로켓에 폭탄을 실으면 미사일이 되니까
발사체 기술을 나쁜 일에 쓰지 않아야 해.

달, 화성, 소행성의 물질을 이용하는 일이
가까운 미래에 가능해질 수도 있어.
그리고 그런 일들은 주로
돈 많은 나라들에서 해내겠지.

돈 들인 만큼 우주 자원을 차지한다면
나라 간의 빈부 격차가 더 심해질 텐데,
우주까지도 힘 세고 부자인 나라들끼리만
나누어 차지하는 것이 과연 옳은 일일까?

질문?하는 사전 시리즈⑥

**초판 1쇄 발행** 2024년 1월 31일

**글** 신광복 | **그림** 이형진

**펴낸이** 홍석 | **이사** 홍성우 | **편집부장** 이정은
**편집** 정미진·조유진 | **디자인** 권영은·김영주 | **외주디자인** 신영미
**마케팅** 이송희·김민경 | **제작** 홍보람 | **관리** 최우리·정원경·조영행·김지혜
**펴낸곳** 도서출판 풀빛 | **등록** 1979년 3월 6일 제2021-000055호
**주소** 서울특별시 강서구 양천로 583 우림블루나인 A동 21층 2110호
**전화** 02-363-5995(영업) 02-362-8900(편집) | **팩스** 070-4275-0445
**전자우편** kids@pulbit.co.kr | **홈페이지** www.pulbit.co.kr
**블로그** blog.naver.com/pulbitbooks | **인스타그램** instagram.com/pulbitkids

ISBN 979-11-6172-657-1　74440
ISBN 979-11-6172-057-9　(세트)

ⓒ신광복, 이형진 2024

*책값은 뒤표지에 표시되어 있습니다.
*파본이나 잘못된 책은 구입하신 곳에서 바꿔 드립니다.

| **제품명** 아동 도서 | **제조년월** 2024년 1월 31일 | **사용연령** 8세 이상
**제조자명** 도서출판 풀빛 | **제조국명** 대한민국 | **전화번호** 02-363-5995
**주소** 서울특별시 강서구 양천로 583 우림블루나인 A동 21층 2110호
KC마크는 이 제품이 공통안전기준에 적합하였음을 의미합니다.

⚠ **주 의**
종이에 베이거나 긁히지
않도록 조심하세요.
책 모서리가 날카로우니
던지거나 떨어뜨리지 마세요.